AF205669

Impressum
Verlag: BABADADA GmbH, Nedderfeld 112 , 22529 Hamburg
Geschäftsführer / Verlagsleitung: Harald Hof
Druck: Books on Demand GmbH, In de Tarpen 42, 22848 Norderstedt

Imprint
Publisher: BABADADA GmbH, Nedderfeld 112 , 22529 Hamburg, Germany
Managing Director / Publishing direction: Harald Hof
Print: Books on Demand GmbH, In de Tarpen 42, 22848 Norderstedt

escola
dugsi

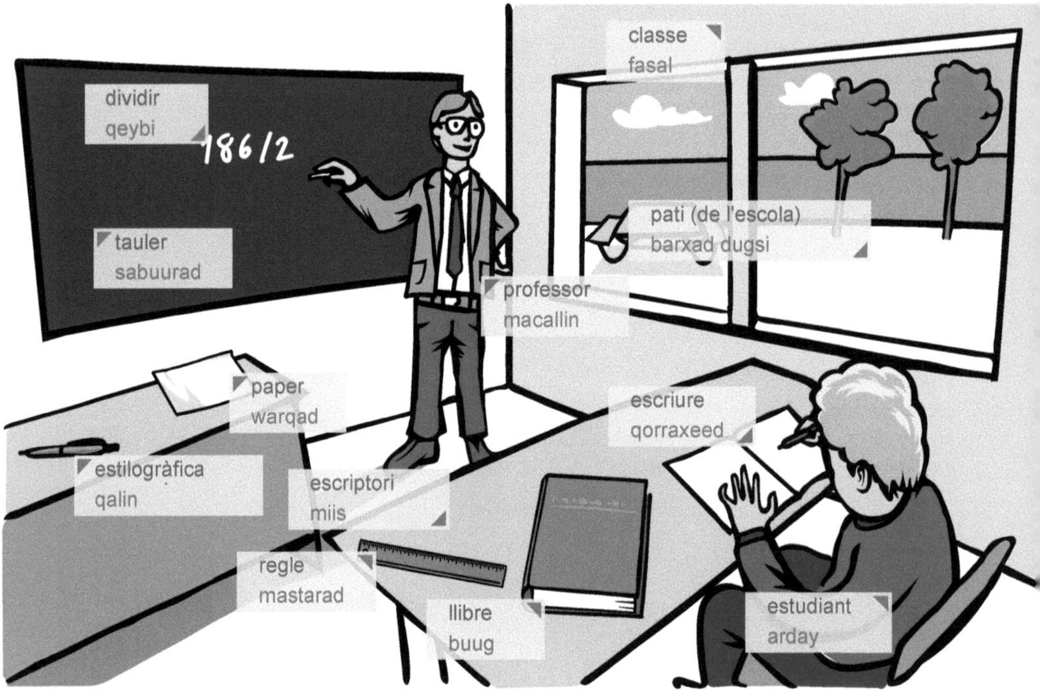

classe
fasal
dividir
qeybi
186/2
tauler
sabuurad
pati (de l'escola)
barxad dugsi
professor
macallin
paper
warqad
escriure
qorraxeed
estilogràfica
qalin
escriptori
miis
regle
mastarad
llibre
buug
estudiant
arday

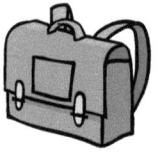

bossa
boorso

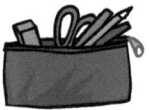

estoig
kiis qalin-qori

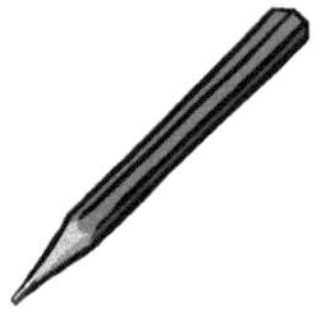

llapis
qalin-qori

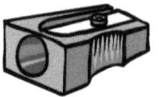

maquineta de fer punta
koobka qalin qor

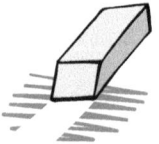

goma
titirre

bloc de dibuix
buugga sawirka

dibuix

sawirid

pinzell

burushka midabaynta

capsa de pintures

gasaca midabaynta

tisores

maqasyo

cola

koollo

quadern d'exercicis

buug qoraal

deures

shaqo-guri

nombre

lambar

afegir

ku dar

sostreure

ka jar

multiplicar

ku dhufo

calcular

xisaabi

lletra

warqad

alfabet

alifbeeto

mot

erey

text
qoraal

llegir
akhri

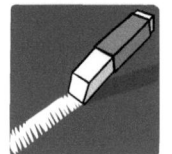

guix
jeesto

lliçó
cahsar

llibre de classe
diiwaan

examen
imtixaan

certificat
shahaado

uniforme escolar
direes dugsi

formació
waxbarasho

enciclopèdia
diwaan mowduuceed

universitat
jaamacad

microscopi
mayskariskoob

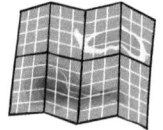

mapa
khariidad

paperera
haan qashin-gur

viatge
safar

hotel
hoteel
Grand
alberg
hoteel jiif-cunto
oficina de canvi
xafiiska sarrifaka lacagaha
maleta
shandad-dhar
automòbil
baabuur

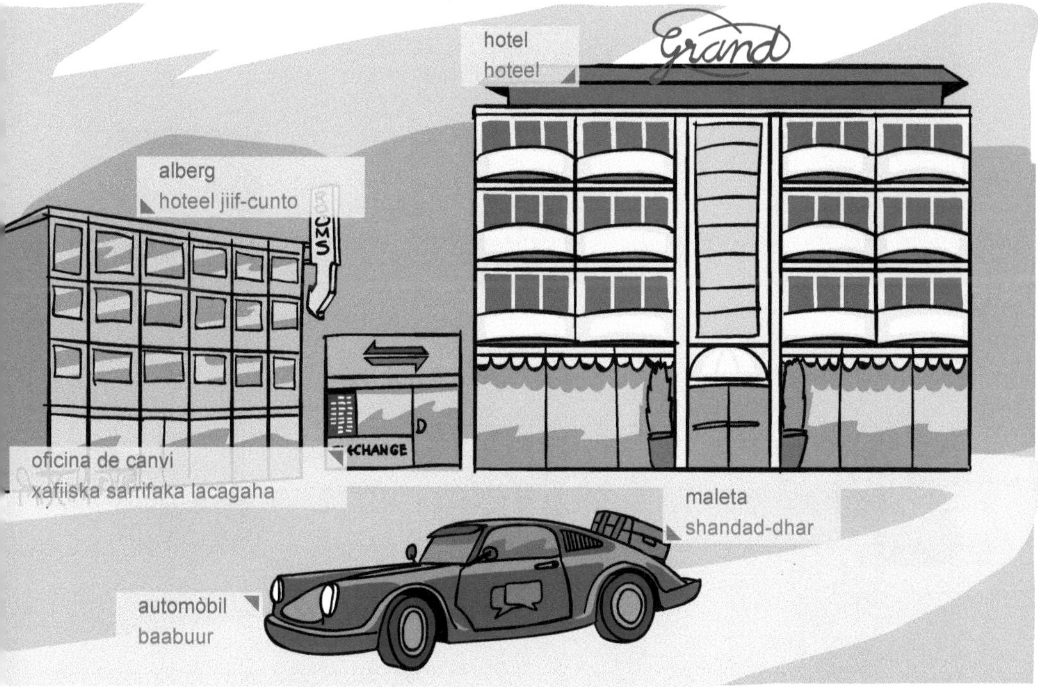

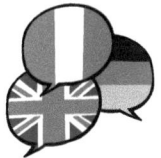

llengua
luuqad

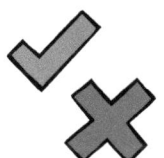

sí / no
haa / maya

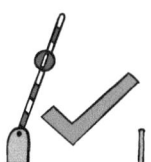

D'acord
Hagaag

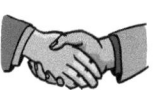

Ey!
nabad miyaa

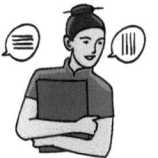

traductora
turjumaan

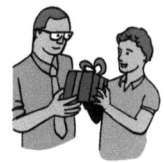

gràcies
Waad mahadsan tahay

Quant costa… ?

waa immisa…?

No entenc

ma aanan fahamin

problema

dhibaato

Bona nit!

galab wanaagsan!

bon dia!

subax wanaagsan!

bona nit!

habeen wanaagsan!

fins aviat

nabad gelyo

direcció

jiho

bagatge

alaabo

bossa

boorso

sarrona

boorso-dhabar

convidat

marti

cambra

qol

sac de dormir

katiifad

tenda

teendho

oficina de turisme
xog dalxiis

platja
xeebta

carta de crèdit
kaar amaah

esmorzar
quraac

dinar
qado

sopar
casho

bitllet
rasiid

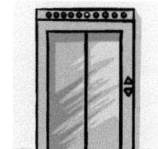

ascensor
wiish

segell
tiimbare

frontera
xuduud

duana
qeybta-canshuur-bixinta

ambaixada
safaarad

visat
dal ku gal

passaport
baasaboor

viatge - safar

transport

gaadiid

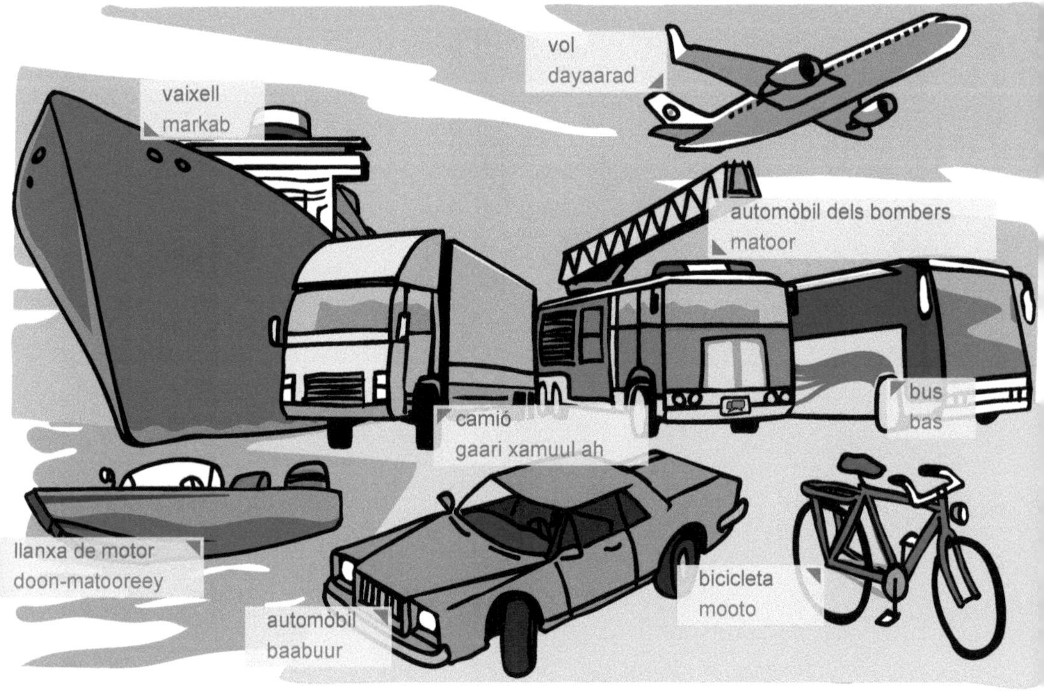

vol
dayaarad
vaixell
markab
automòbil dels bombers
matoor
bus
bas
camió
gaari xamuul ah
llanxa de motor
doon-matooreey
bicicleta
mooto
automòbil
baabuur

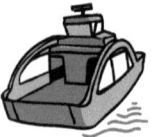

transbordador

doon

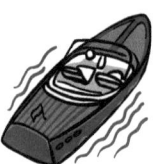

barca

doonnida

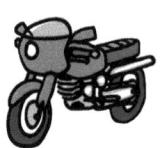

moto

mooto

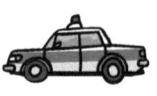

automòbil de policia

baabuur booliis

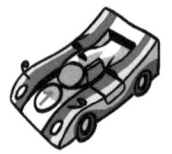

automòbil de curses

baabuur baratan

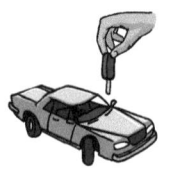

automòbil de lloguer

baabuur la-kiraysto

vehicle compartit	grua	camió de les escombraries
gaadiid-wadaag	wiishle	gaari qashin-gure

motor	benzina	benzineria
matoor	shidaal	ajib
	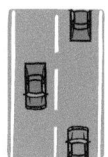	
senyal de trànsit	trànsit	embús
calaamad taraafiko	taraafiko	jaam baabuur

aparcament	estació de trens	vies
baarkin-baabuur	boosteejo tareen	waddo-tareen
	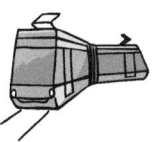	
tren	tramvia	vagó
tareen	taraam	gaari faras

helicòpter

helikobtar

aeroport

garoonka dayuuradaha

torre

manaarad

passatger

rakaab

contenidor

weel

capsa de cartó

kartoon

carretó

gaari faras

cistella

dambiil

enlairar-se / aterrar

kicid / degis

ciutat

magaalo

poble

tuulo

centre de la ciutat

faras magaale

casa

guri

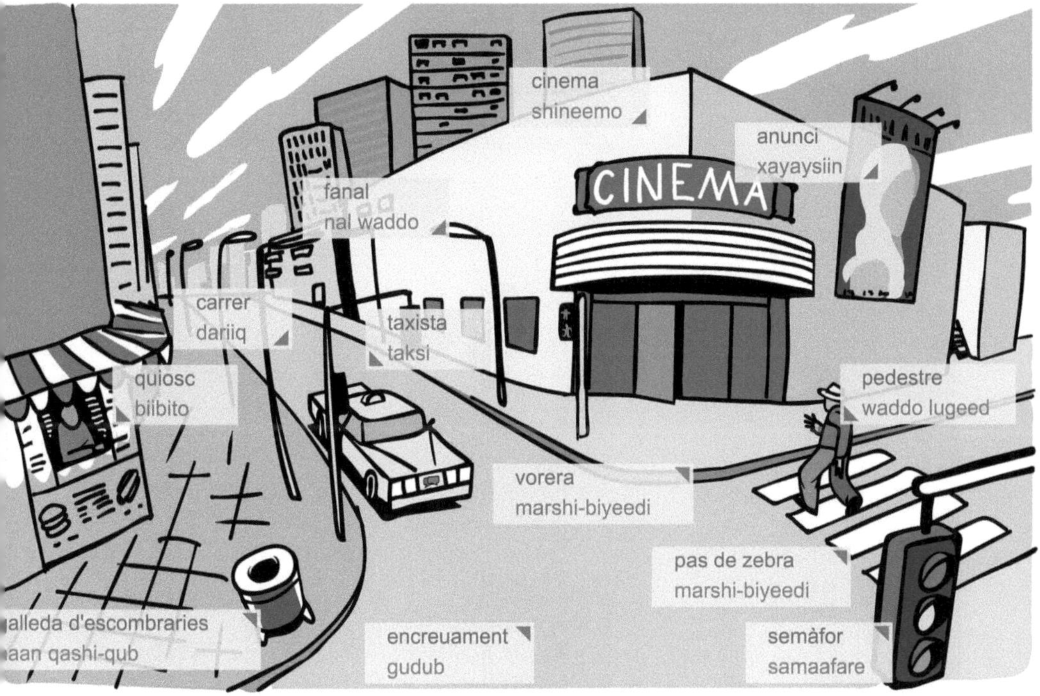

cinema
shineemo

anunci
xayaysiin

fanal
nal waddo

carrer
dariiq

taxista
taksi

quiosc
bilbito

CINEMA

pedestre
waddo lugeed

vorera
marshi-biyeedi

pas de zebra
marshi-biyeedi

alleda d'escombraries
aan qashi-qub

encreuament
gudub

semàfor
samaafare

cabana

mundul

apartament

dabaq

estació de trens

boosteejo tareen

casa de la vila-ciutat

xarunta dowladda-hoose

museu

matxaf

escola

dugsi

universitat

jaamacad

banca

bangi

hospital

isbitaal

hotel

hoteel

farmàcia

farmasi

oficina

xafiis

llibreria

buug shoob

botiga

dukaan

floristeria

dukaan ubax

supermercat

carwo

mercat

suuq

gran magatzem

suuq weyne

peixateria

kalluun-iibshe

centre comercial

suuq

port

furdo

parc
jardiino

banc
kursi

pont
buundo

escala
jaraanjaro

metro
waddo-tareen-hoosaad

túnel
waddo-dhul hoose

parada d'autobús
boosteejo

bar
baar

restaurant
makhaayad

bústia de correu
sanduuq boosto

senyal indicador
calaamad waddo

parquímetre
joogid-cabbire

zoo
beer-xayawaan

piscina
barkad dabbaalasho

mesquita
masaajid

granja
beer

pol·lució
naqas

cementiri
qabuuro

església
kaniisad

parc infantil
garoon

temple
macbad

paisatge
muqaal-dhireed

fulla
caleen

cartell indicador
calaamad-waddo

camí
waddo

prat
seere

pedra
dhagax

excursionista
buur korre

arbre
geed

riu
webi

gespa
caws

flor
ubax

vall
dooxo

muntanya
buur

llac
laag

bosc
kayn

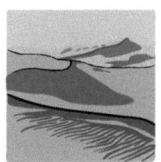

desert
saxare

volcà
foolkaano

castell
qasri

arc de Sant Martí
qaanso-roobaad

bolet
barkin-waraabe

palmera
geed timireed

moscard
kaneeco

mosca
duqsi

formiga
qoraanjo

abella
shinni

aranya
caaro

escarabat

dameer-duudeey

granota

rah

esquirol

dabagaalle

eriçó

kashiito

llebre

dabagaalle

òliba

guumeys

ocell

shimbir

cigne

boolo-boolo

senglar

doofaar-jilibeey

cervo

deero

ant

faras-duur

presa

biyo-xireen

turbina

tamar-dhaliye

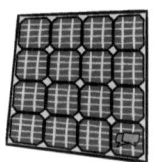

panell solar

soollar

clima

cimilo

restaurant
makhaayad

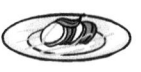

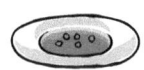

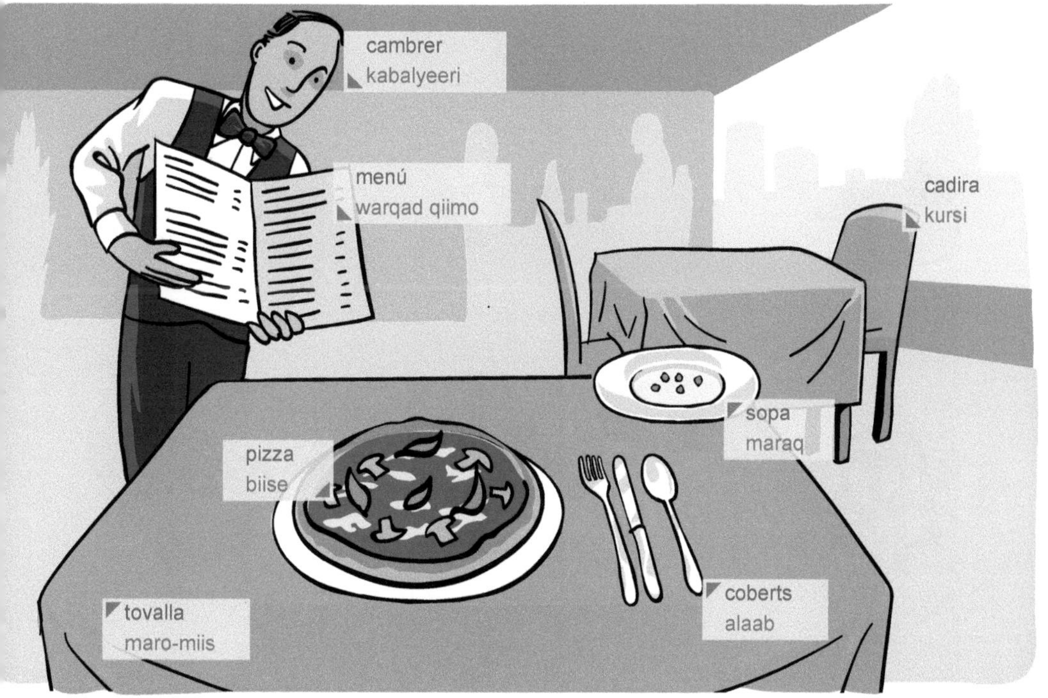
cambrer
kabalyeeri
menú
warqad qiimo
cadira
kursi
sopa
maraq
pizza
biise
coberts
alaab
tovalla
maro-miis

primer plat

af-billow

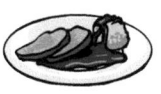

plat principal

cunto bariimo

darreries

macmacaan

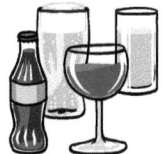

begudes

cabitaan

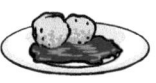

menjar

cunto

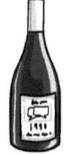

ampolla

dhalo

menjar ràpid

cunto diyaarsan

menjar de carrer

cunto-waddo

tetera

jalmad shaah

sucrer

weelka sonkorta

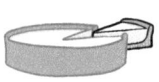

porció

qayb

màquina d'espresso

mashiinka isbareesada

trona

kursi dheer

factura

biil

plata

tereey

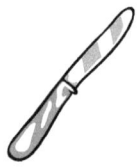

ganivet

mindi

forqueta

fargeeto

cullera

qaaddo

cullereta

malqacad-shaah

tovalló

shukumaan miis

got

galaas

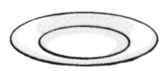

plat

saxan

plat de sopa

saxanka maraqa

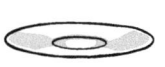

plateret

saxan

salsa

suugo

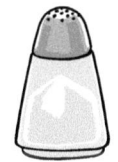

saler

weelka cusbada

molinet de pebre

basbaas shiide

vinagre

fixiye

oli

saliid

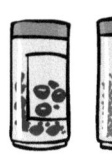

espècies

dhandhanaan

quètxup

suugo

mostassa

mastaard

maionesa

mayoonees

supermercat

carwo

oferta especial
qiima dhimis qaas ah
client
macmiil
productes lactis
caano
fruites
miro
carret de la compra
gaariga adeega
FOR

BUTCHERS

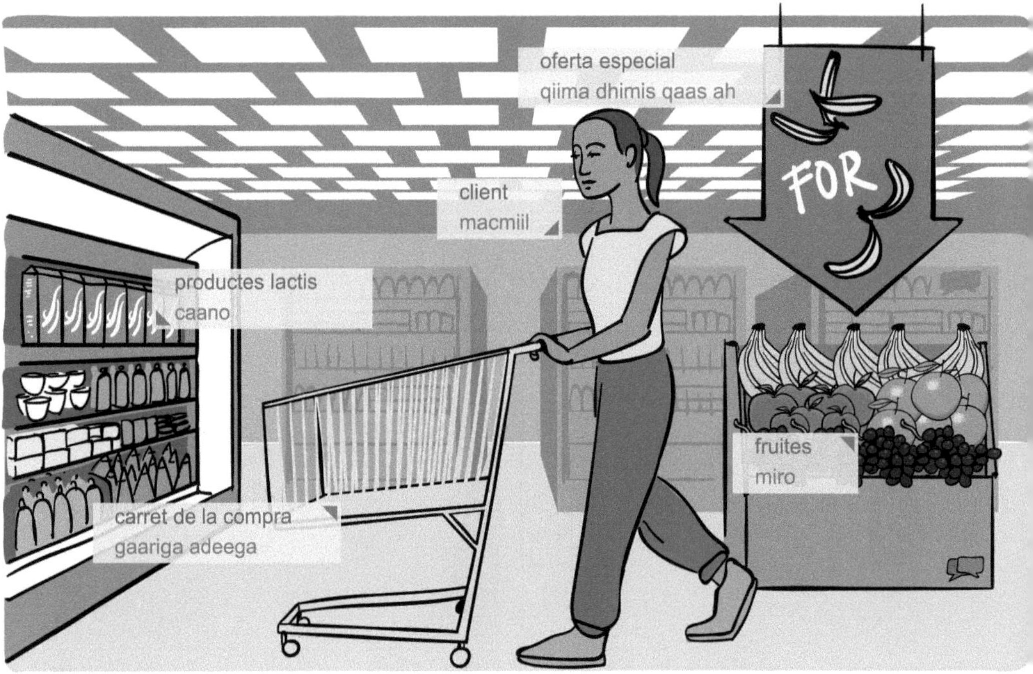

carnisseria

kawaan

BAKERY

forn de pa

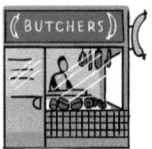

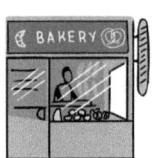

foorno

pesar

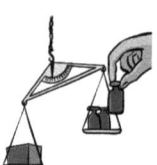

cabbir

verdures

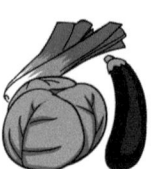

khudaar

carn

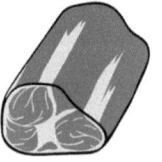

hilib

menjar congelat

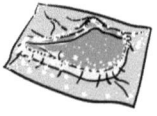

cunto la qaboojiyay

carn freda

hilibka qadada

conserves

cunto gasacadeysan

detergent en pols

oomo

dolços

macmacaan

articles domèstics

alaabada guri

productes de neteja

alaabo nadaafad

venedora

iibshe

caixa registradora

diiwaan lacagta

caixera

qasnaji

llista de la compra

liis adeeg

horari d'obertura

saacadaha shaqo

portamonedes

shandada jeebka

carta de crèdit

kaar amaah

bossa

bac

bossa de plàstic

bac

aigua
biyo

suc
casiir

llet
caano

coca-cola
kooka-kola

vi
khamri

cervesa
biir

alcohol
khamri

cacau
kooke

te
shaah

cafè
kafee

espresso
isberesso

cappuccino
koobishiin

banana

muus

poma

tufaax

taronja

liin-bambeelmo

síndria

qare

llimona

liin

pastanaga

karooto

all

toon

bambú

baambuu

ceba

basal

bolet

barkin-waraabe

avellanes

loos

fideus

baasto

espaguetis

baasto

arròs

bariis

amanida

salar

patates fregides

jibsi

patates fregides

baradho shiilan

pizza

biise

hamburguesa

haambeegar

entrepà

saanwij

escalopa

hilib-jiir

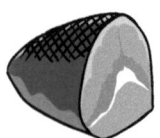

cuixot

hilib-doofaar

salami

salami

salsitxa

sooseej

pollastre

hilib-digaag

rostit

duban

peix

kalluun

flocs de civada

sareenta mashaarida

musli

quraac isku-dhafan

cereals

daango

farina

bur

croissant

nooc rooti ah

panet

rooti

pa

rooti

torrada

rooti-la-kulluleeyey

bescuits

buskud

mantega

subag

mató

hanti

pastís

doolsho

ou

ukun

ou fregit

ukun shiilan

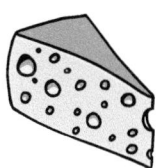

formatge

burcad

gelat

jalaato

sucre

sonkor

mel

malab

melmelada

malmalaado

crema de xocolata

labeen macmacaan

curri

suugo

granja
beer

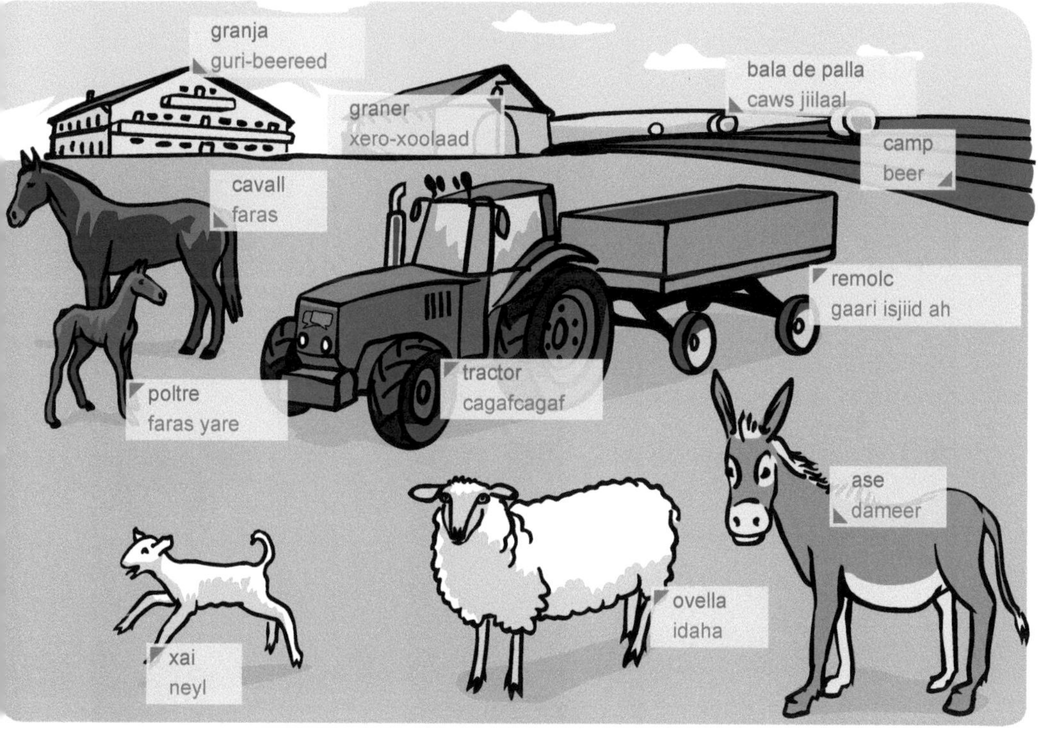

granja
guri-beereed
graner
xero-xoolaad
bala de palla
caws jiilaal
camp
beer
cavall
faras
remolc
gaari isjiid ah
tractor
cagafcagaf
poltre
faras yare
ase
dameer
ovella
idaha
xai
neyl

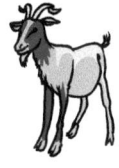

cabra
ri'

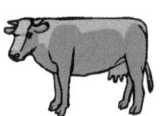

vaca
sac

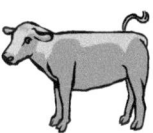

vedella
weyl

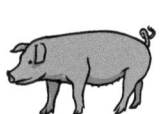

porc
doofaar

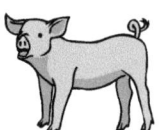

garrí
dhal doofaar

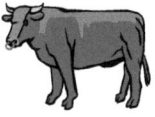

bou
dibi

oca

bawaato lab

ànec

bawaato

poll

jiijiile

gall

digaag

gallina

diiq

rata

doolli

gat

bisad

ratolí

jiir

bou

dibi

gos

eey

gossera

hoyga eeyga

mànega de regar

tuubbo waraab

regadora

sakeelka waraabinta

dalla

gudin

arada

carro-roge

falç
gudin

aixada
yaambo

forca
fargeeto caws-beereed

destral
faas

carretó
gaari -gacan

abeurador
dar

lletera
dhalada caanaha

sac
jawaan

tanca
deer

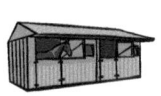

establa
xero xooleed

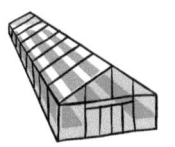

hivernacle
gur-biqlin-dhireed

sòl
ciidda

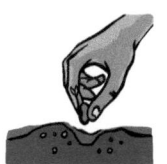

llavor
abuuka

adob
bacrimiye

collidora
cagafta beer-goynta

collir

beer-goyn

collita

beer-gooyn

nyam

moxog

blat

sarreen

soja

soya

patata

baradho

blat de moro o d'indi

galley

colza

geed-saliideed

arbre fruiter

geed mirood

mandioca

moxog

cereals

firiley

casa
guri

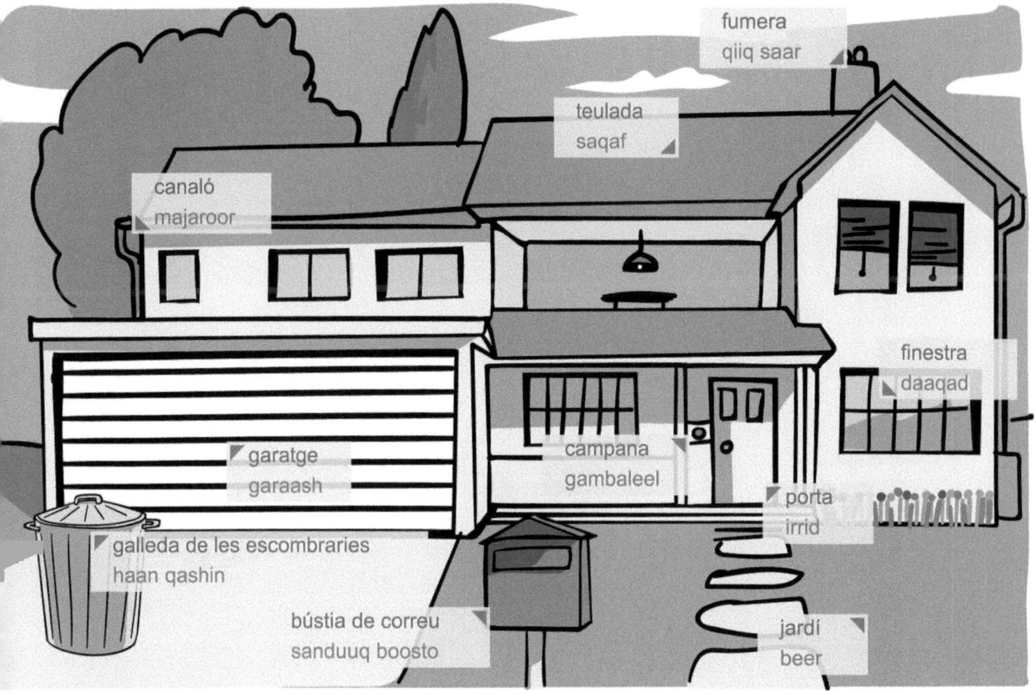

fumera
qiiq saar
teulada
saqaf
canaló
majaroor
finestra
daaqad
garatge
garaash
campana
gambaleel
porta
irrid
galleda de les escombraries
haan qashin
bústia de correu
sanduuq boosto
jardí
beer

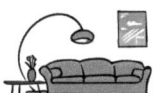

sala d'estar

qol jiib

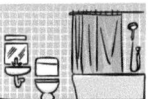

bany

musqul-qubeys

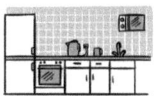

cuina

jiko

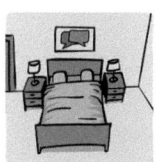

cambra de dormir

qolka jiifka

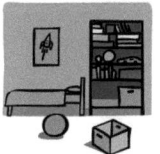

cambra de nen

qolka ilmaha

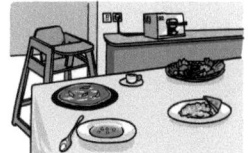

menjador

qolka cuntada

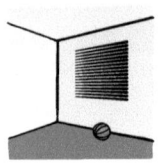

sòl

sagxad

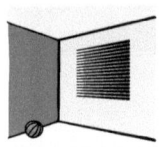

paret

derbi

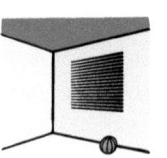

sostre

saqaf

soterrani

makhaasiin

sauna

soona

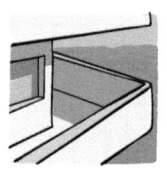

balcó

balakoon

terrassa

daarad

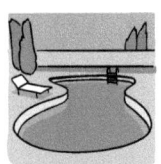

piscina

barkad

tallagespa

caws-jare

vànova

buste

cobrellit

go'

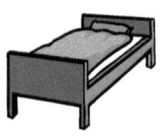

llit

sariir

escombra

xaaqin

galleda

baaldi

interruptor

daare-damiye

sala d'estar

qol jiib

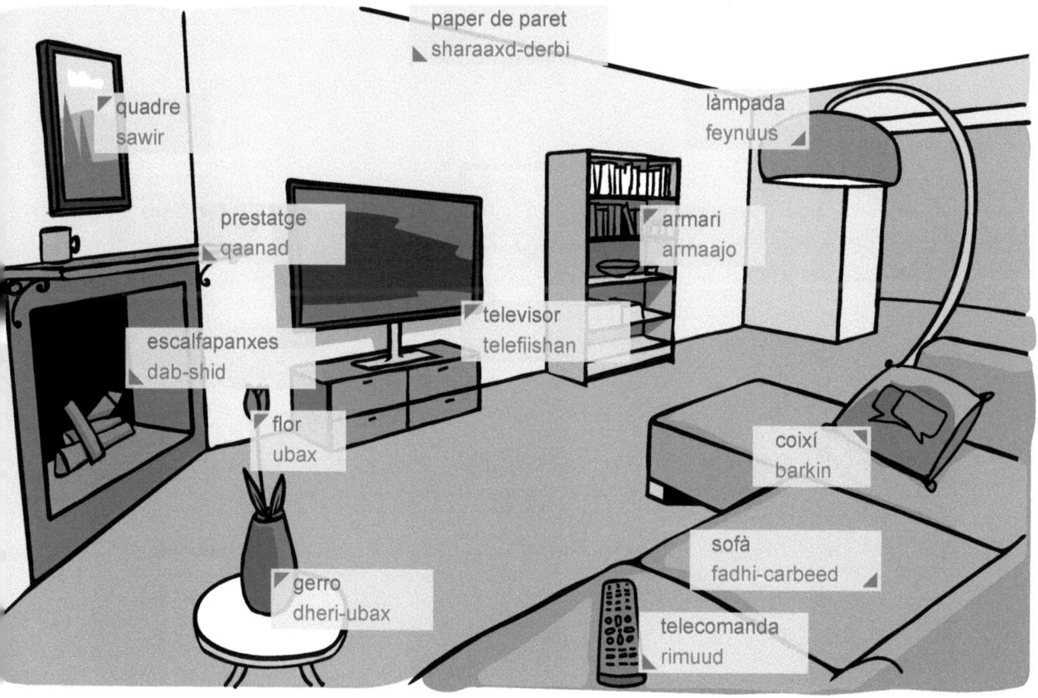
paper de paret
sharaaxd-derbi
quadre
sawir
làmpada
feynuus
prestatge
qaanad
armari
armaajo
televisor
telefiishan
escalfapanxes
dab-shid
flor
ubax
coixí
barkin
sofà
fadhi-carbeed
gerro
dheri-ubax
telecomanda
rimuud

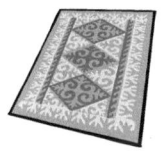

catifa

roog

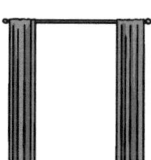

cortina

daah

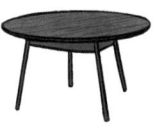

taula

miis

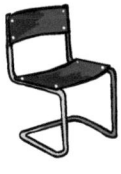

cadira

kursi

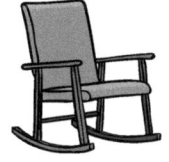

cadira gronxadora

kursi wareega

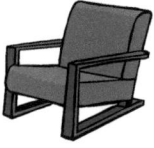

cadiral

kursi fadhi

llibre
buug

llençol
buste

decoració
qurxin

llenya
xaabo

film
filin

cadena de música
cod-baahiye

clau
fure

diari
wargeys

pintura
rinjiyeyn

cartell
tabeelo

ràdio
raadiye

bloc de notes
xusuus-qor

aspiradora
huufar

cactus
tiitiin

candela
shumac

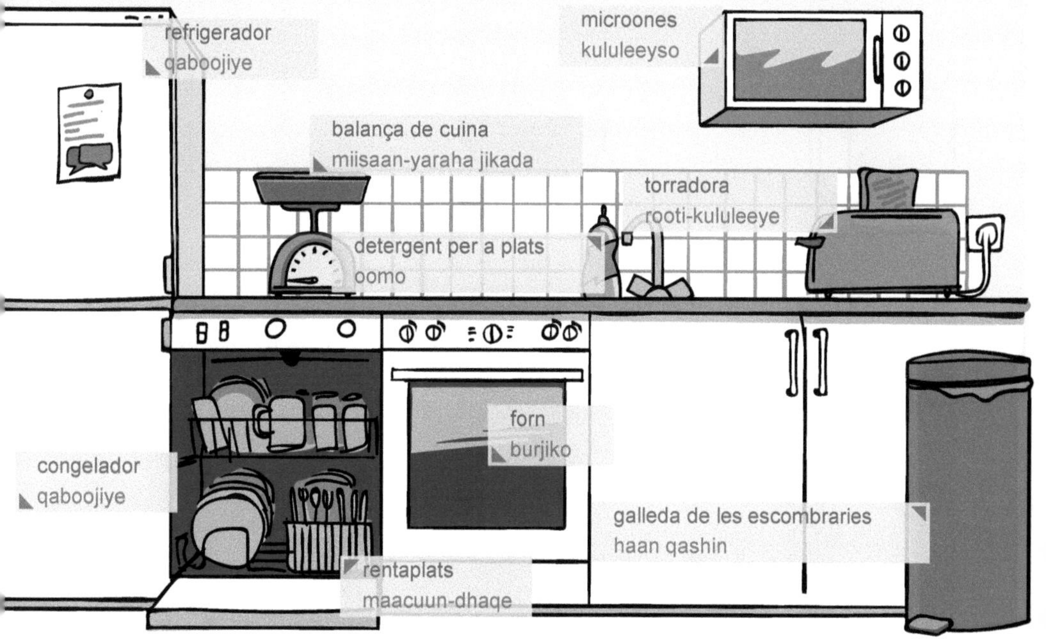

refrigerador
qaboojiye

microones
kululeeyso

balança de cuina
miisaan-yaraha jikada

torradora
rooti-kululeeye

detergent per a plats
oomo

forn
burjiko

congelador
qaboojiye

galleda de les escombraries
haan qashin

rentaplats
maacuun-dhaqe

cuina de fogons
....
kuuker

olla
....
dheri

olla de ferro colat
....
birtaawo

wok / karahi
....
birtaawo

paella
....
birtaawo

bullidor
....
kirli

olla de vapor

uumiye

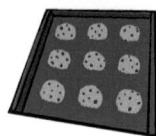

plata de forn

saxaarad dubista

vaixella

maacuun

tassa grossa

bakeeri

bol

baaquli

bastonets xinesos

qoryo wax lagu cuno

culler

malqacad

espàtula

qaado

batedor

folow

colador

miire

sedàs

shashaq

ratllador

qudaar-jare

morter

mooye

barbacoa

hilib-sol

foc a terra

dab

taula de tallar

alwaaxa wax-jar-jarka

corró

ul jabaati

llevataps

guf-saare

pot de conserva

gasac

obridor

gasac-fure

agafador

istaraasho-jiko

aigüera

saxanka-alaab-dhaqa

raspall

caday

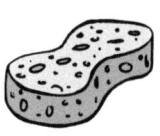

esponja

isbuunyo

batedora

shiide

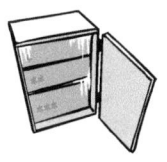

congelador

qaabojin qoto-dheer

biberó

masaasad

aixeta

tuubbo

bany
musqul-qubeys

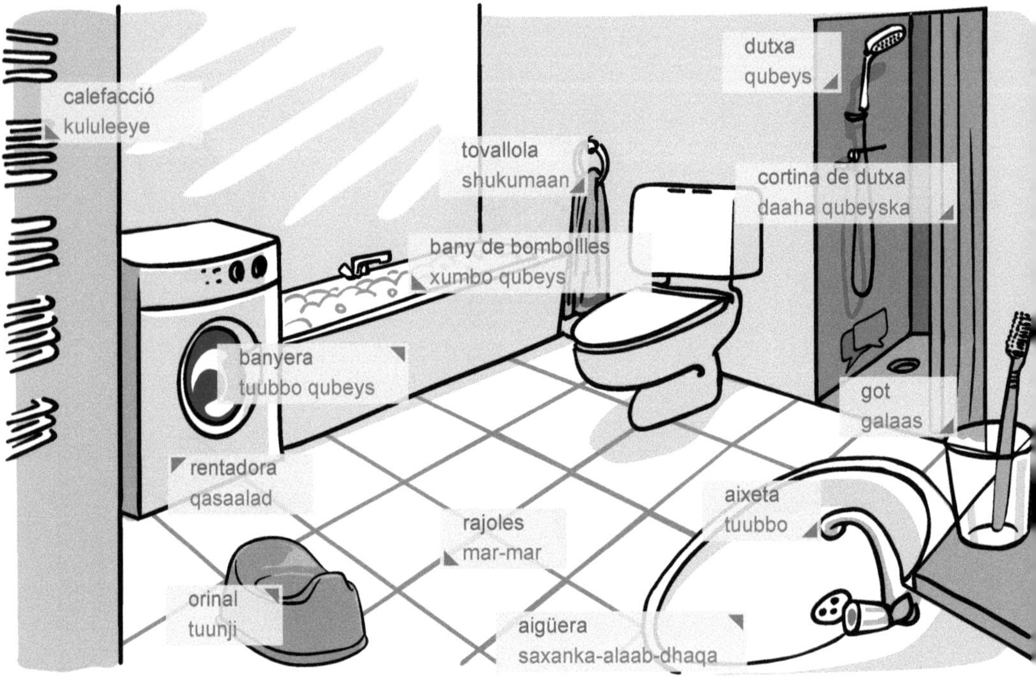

calefacció
kululeeye
dutxa
qubeys
tovallola
shukumaan
cortina de dutxa
daaha qubeyska
bany de bombollles
xumbo qubeys
banyera
tuubbo qubeys
got
galaas
rentadora
qasaalad
aixeta
tuubbo
rajoles
mar-mar
orinal
tuunji
aigüera
saxanka-alaab-dhaqa

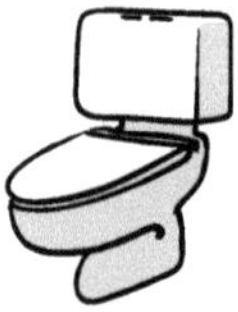

lavabo
musqul

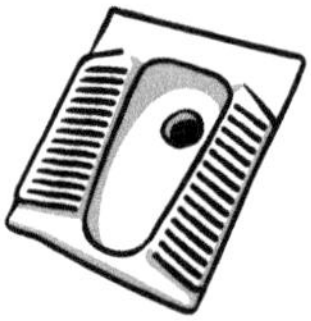

lavabo turc
musqusha fadhiga

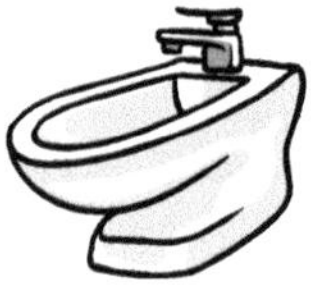

bidet
siin

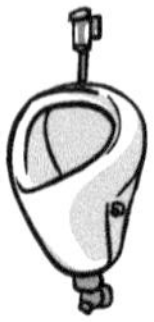

orinador
weel kaadi

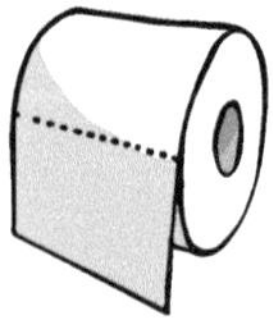

paper higiènic
tiish musqul

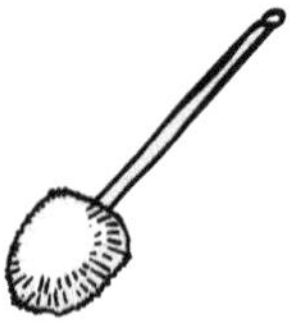

escombreta de sanitari
burushka musqusha

raspall de dents
caday

pasta de dents
daawo caday

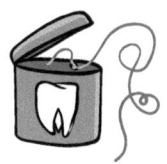

fil dental
dunta ilka farashada

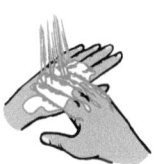

rentar
dhaq

pom de dutxa
gacan qubeys

dutxa íntima
tuubo-musqul

rentamans
beeshin

raspall per a l'esquena
burush-qubeys

sabó
saabuun

gel de dutxa
shaambo

xampú
shaambo

manyopla de bany
cago-saar

bonera
biyo-saare

crema
kareem

desodorant
carfiso

mirall

muraayad

mirall-espill de mà

muraayad gacmeed

maquineta de rasar

sakiin

espuma de barbejar

xumbada xiirashada

loció post-rasada

daawo gar-xiir

pinta

shanlo

raspall

burush

eixugador

fooneeye

laca

timo-buufis

maquillatge

waji-qurxiye

pintallavis

rooseeto

esmalt d'ungles

cidiyo-nadiifiye

cotó

dun

tallaungles

cidiyo-jar

perfum

baarafuun

estoig de bellesa

boorso-wajidhaq

tamboret

saxaro

bàscula

miisaan culays

barnús

dhar-qubeys

guants de goma

gacma gashi cinjir

compresa higiènica

tambooni

compresa

tiimshe

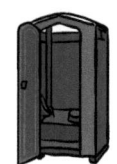

sanitari químic

musqul kiimiko

cambra de nen
qolka ilmaha

despertador
saacadda dhawaaqda
animal de peluix
boombale caruur
auto de joguina
baabuur caruureed
sonall
sanqadh
casa de nines
guriga caruusada
present
hadiyad

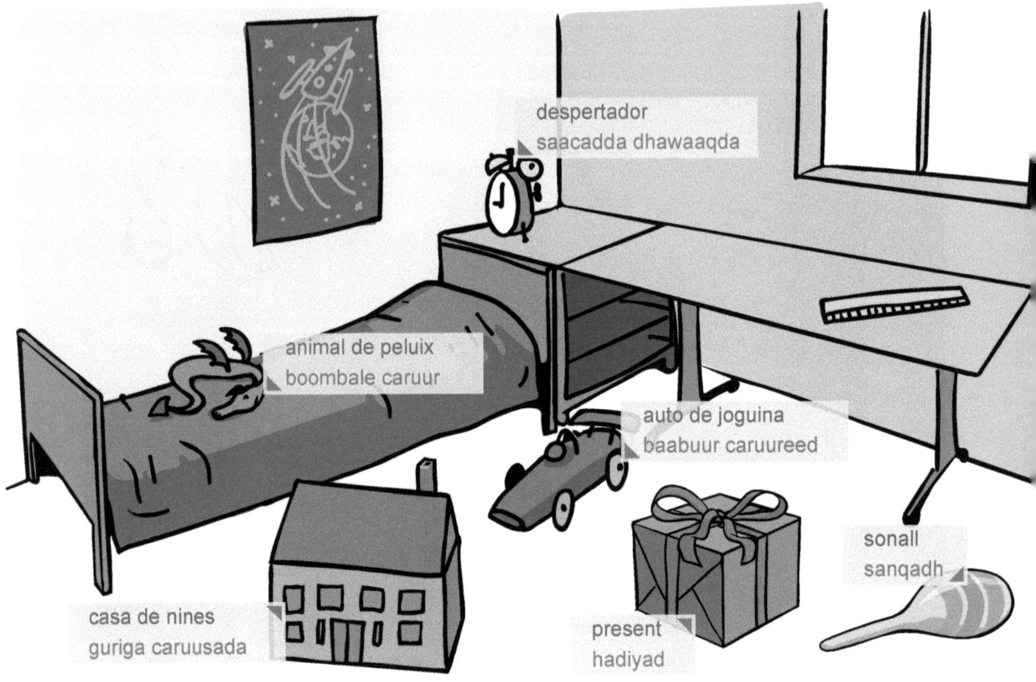

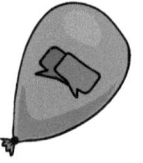

baló

buufin

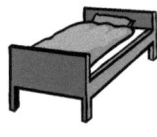

llit

sariir

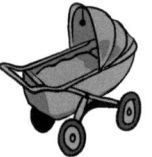

cotxet per a nens

gaariga caruurta

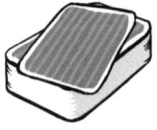

joc de cartes

turub

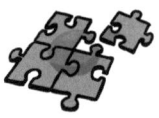

trencaclosca

miinshaar

historieta

maad

peces de lego

bulkeeti boombale ah

peces de construcció

tooy

ninot d'acció

sanam

granota

isku-jooga dhallaanka

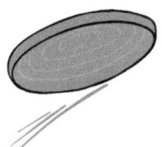

frisbee

aalad cayaar

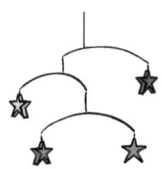

mòbil per a bressol

moobaayl

joc de taula

khamaar

daus

laadhuu

tren elèctric

moodo tareen

xumet

boombale

festa

xaflad

llibre de dibuixos

buug sawirro

pilota

kubbad

nina

boombale

jugar

cayaar

sorrera

dhoobo-dhoobeey

gronxador

wiifoow

joguines

alaab-alaabeey

consola de jocs de vídeo

geemka gacanta laga hago

tricicle

baaskiil

osset de peluix

boombale

armari

armaajo dhar

roba

dhar

mitjons

sigisaan

mitges

sigsaan haween

mitja pantaló

surwaal-dhuuqsan

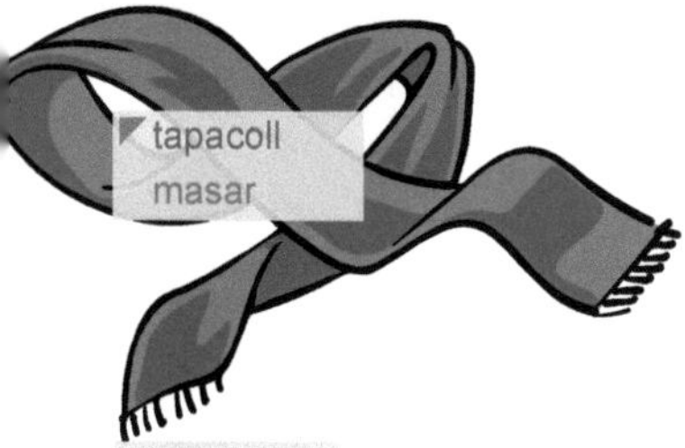

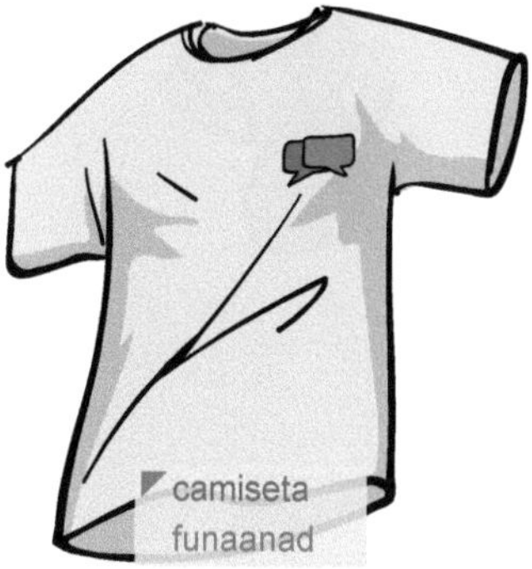

tapacoll
masar

cintura
suun

paraigua
dallad

camiseta
funaanad

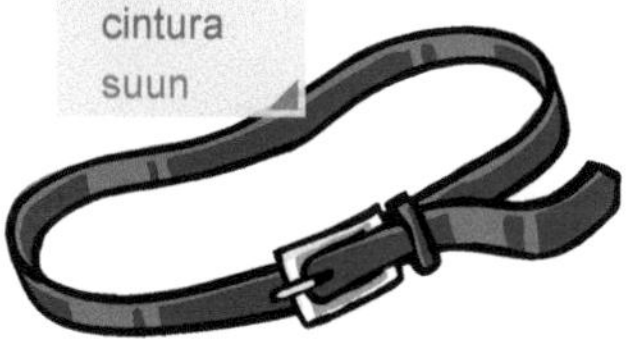

botes
kabo buud

plantofes
dacas

sabates d'esport
kabo tababar

sandàlies
saandalo

sabates
kabo

botes de goma
kabo roob

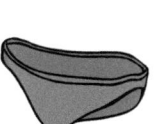

calçonets
hoos-gashi

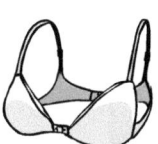

sostenidor
rajabeeto

guardapits
garan

jjustacòs
jir

pantalons
surwaal

jeans
surwaal jeenis

faldeta
goono

brusa
canbuur

camisa
shaati

jersei
funaanad-dhaxameed

dessuadora
garan dhaxameed

blazer
jaakad fudud

jaqueta
jaakad

mantell
koodh

impermeable
koodhka roobka

vestit de dona
dhar-munaasabadeed

vestit de dona
labbis

vestit de núvia
lebbis aroos

vestit d'home
suut

camisa de dormir
dhar-hurdo

pijama
bajaamo

sari
saari

mocador de cap
masar

turbant
cimaamad

burca
cabaayad

caftan
saako

abaia
cabaayad

vestit de bany
dharka-dabaasha

calçon(et)s de bany
dabo-gaabyo

pantalons curts
surwaal-dabagaab

xandall
taraak-suut

davantal
dufan-dhowr

guants
gacmo gashi

botó

galluus

ulleres

ookiyaale

braçalet

jijin

collaret

silis

anell

faraati

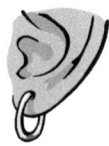

orellera

dhego dhego

casquet

koofiyo

penjador

katabaan

capell

koofiyad

corbata

garabaati

cremallera

jiinyeer

casc

helmed

elàstics

ilko-reeb

uniforme escolar

direes dugsi

uniforme

direes

pitet

cayo-dhowr

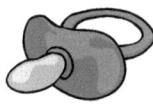

xumet

boombale

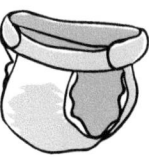

bolquer

maro-dufeed

oficina
xafiis

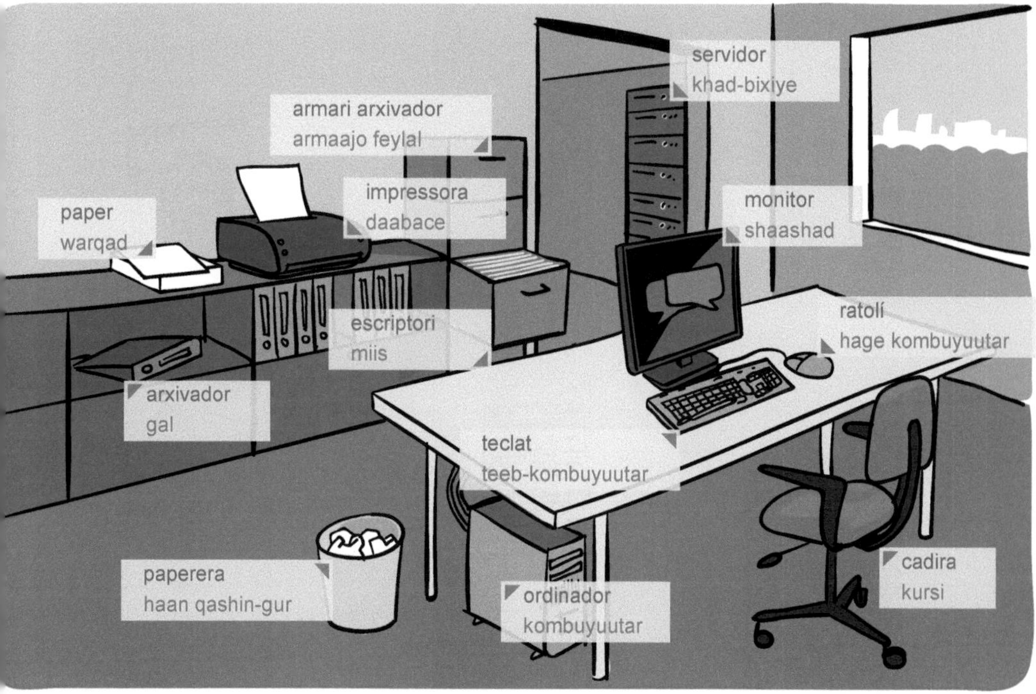

servidor
khad-bixiye

armari arxivador
armaajo feylal

impressora
daabace

paper
warqad

monitor
shaashad

escriptori
miis

ratolí
hage kombuyuutar

arxivador
gal

teclat
teeb-kombuyuutar

paperera
haan qashin-gur

cadira
kursi

ordinador
kombuyuutar

tassa de cafè

koob kafee

calculadora

kalkuleytar/xisaabiye

Internet

internet

ordinador portàtil

laabtoob

lletra

bakhshad

missatge

fariin

mòbil

moobaayl

xarxa

shabakad-kombuyuutar

fotocopiadora

footokoobi

programari

barnaamij-kombuyuutar

telèfon

telefoon

presa de corrent

god koronto

fax

mishiinkan fax-ka

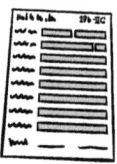

formulari

foomka

document

dokumenti

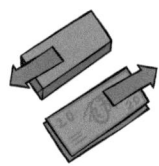

comprar
iibso

pagar
bixi

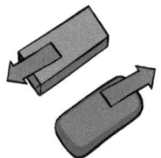

comerciar
ganacso

diners
lacag

USD

dòlar
doollar

EUR

euro
yuuro

JPY

ien
yenka jabbaan

RUB

ruble
robolka ruushka

CHF

franc suís
Franka iswiiska

CNY

renminbi
lacagta shiinaha

INR

rupia
rubiyada hindiga

caixa automàtica
maqal

oficina de canvi

xafiiska sarrifaka lacagaha

or

dahab

argent

qalin

petroli

shidaal

energia

tamar

preu

qiime

contracte

qandaraas

impost

canshuur

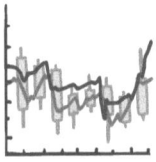

acció

raasumaal

treballar

shaqee

treballador

shaqaale

empresari

shaqaaleysiiye

fàbrica

warshad

botiga

dukaan

oficis
shaqooyin

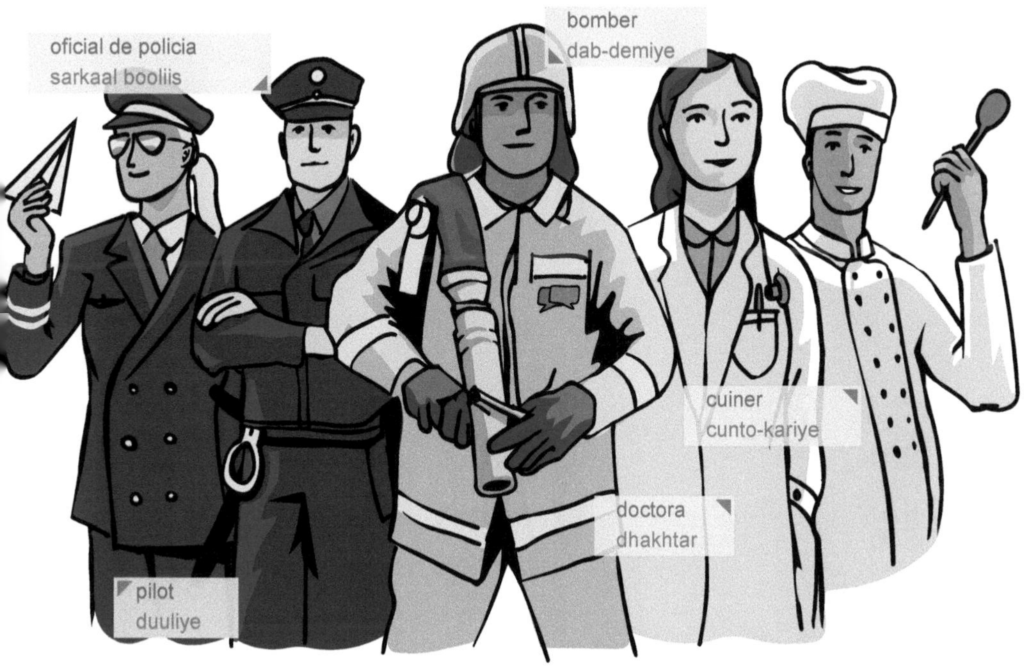
oficial de policia
sarkaal booliis
bomber
dab-demiye
cuiner
cunto-kariye
doctora
dhakhtar
pilot
duuliye

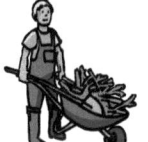

jardiner
beeralley

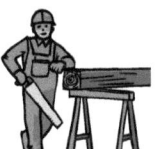

fuster
nijaar

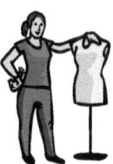

costurera
timo-qurxiso

jutge
qaaddi

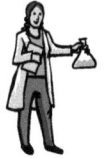

química
farmashiiste

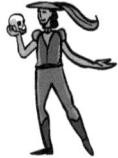

actor
jile

conductor d'autobús

darawal bas

taxista

taksiile

pescador

kalluumeyste

dona de la neteja

nadiifiso

ensostrador

saqaf-dhise

cambrer

kabalyeeri

caçador

ugaarsade

pintor

rinjiile

forner

rooti-dube

electricista

koronto-yaqaan

obrer de la construcció

dhise

enginyer

injineer

carnisser

kawaanle

llanterner

tuubbiiste

correu

boostaale

soldat

askari

arquitecte

injineer-dhismo

caixera

qasnaji

florista

ubax-yaqaan

perruquer

timo-jare

revisor

kiro-uruuriye

mecànic

makaanik

capità

kabtan

dentista

dhakhtar-ilko

científic

saaynisyahan

rabí

wadaad yahuud

imam

imaam

monjo

xerow

capellà

wadaad

eines

qalab

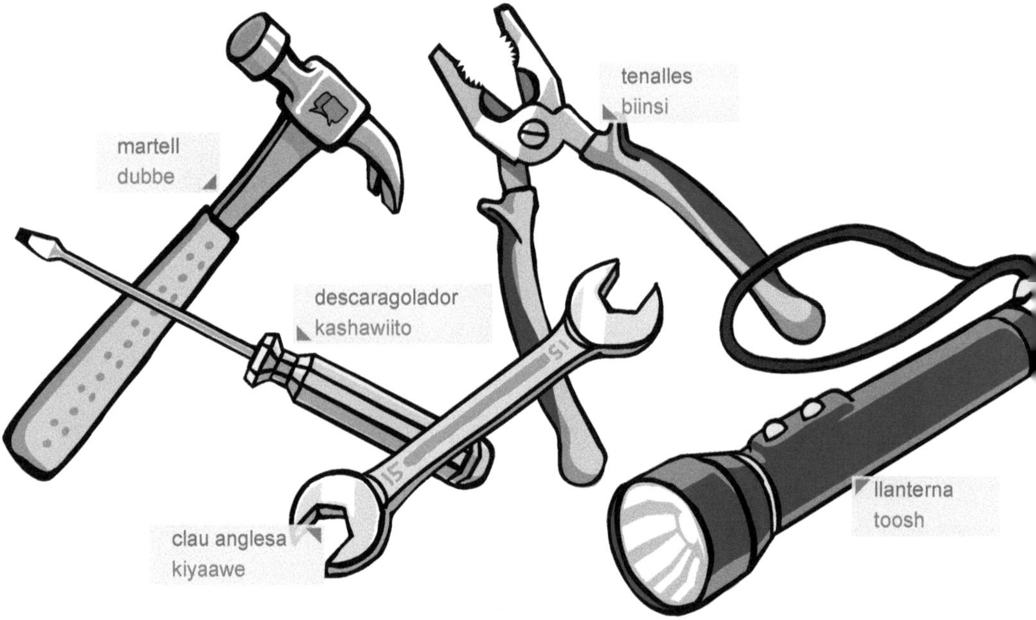

martell
dubbe
tenalles
biinsi
descaragolador
kashawiito
clau anglesa
kiyaawe
llanterna
toosh

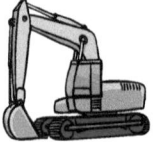

excavadora

dhul-qoddo

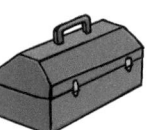

caixa d'eines

qalab-xajiye

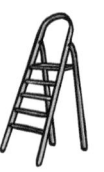

escala

jaraanjaro

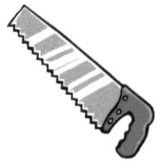

serra

miinshaar

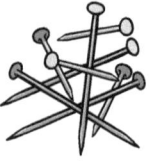

claus

musbaarro

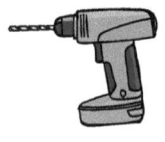

trepant

dalooliye

reparar

dayactir

pala

badiil

Maleït siga!

inkaar kugu dhacday!

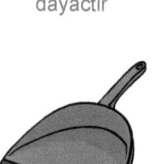

pala

bus-xaabiye

pot de pintura

gasacad rinji

caragols

boolal

instrument de música
qalab muusiko

bateria
digsi

altaveu
samacad

guitarra
kataarad

contrabaix
kataarad guux-weyn

trompeta
turumbo

piano
biyaano

violí
fiyooliin

baix
karaarad guux-dheer

timbal
durbaan-sheegagle

tambor
durbaan

teclat
loox-xarfeed-biyaano

saxofon
turumbo

flauta
siin-baar

micròfon
makarafoon

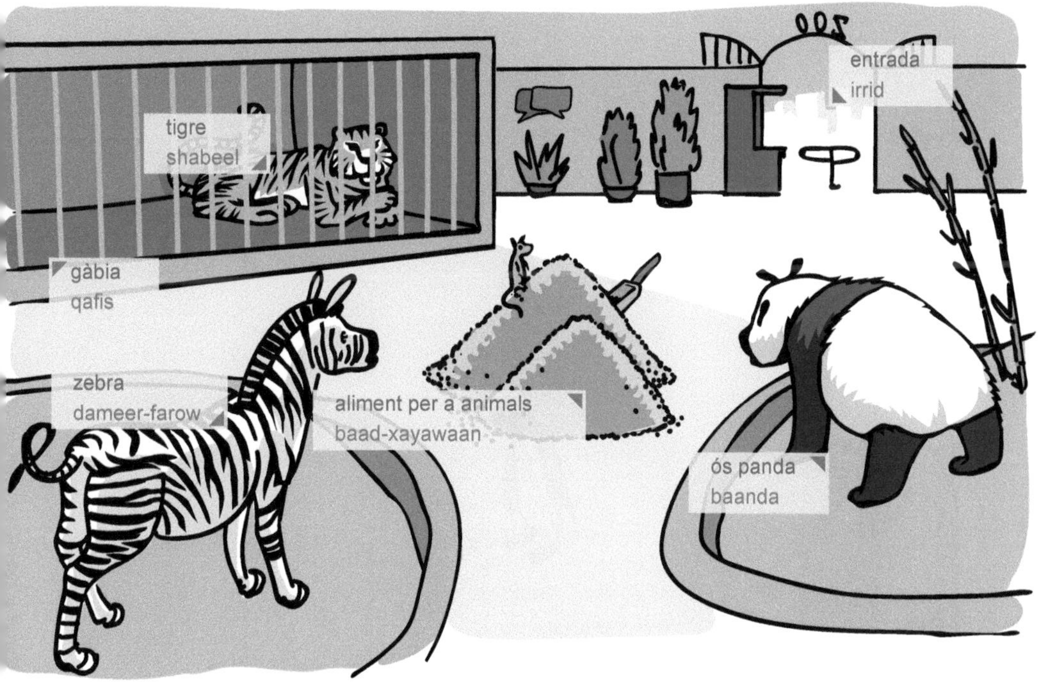

entrada
irrid

tigre
shabeel

gàbia
qafis

zebra
dameer-farow

aliment per a animals
baad-xayawaan

ós panda
baanda

animals

xayawaan

elefant

maroodi

cangurú

kaangaruu

rinoceront

wiyil

goril·la

goriille

ós

oorso

camell

geel

estruç

gorayo

lleó

libaax

simi

daanyeer

flamenc

xiita-luga-dheer

papagai

baqbaqaa

ós polar

oorso baraf-ku-nool

pingüí

shimbir baraf

ca mari

libaax-badeed

paó

daa'uus

serp

mas

cocodril

yaxaas

guardià del zoo

beer-xayawaan ilaaliye

foca

bahal kalluun-cun

jaguar

shabeel-u-eke

poni

dhal faras

lleopard

harmacad

hipopòtam

jeer

girafa

geri

àliga

gorgor

senglar

doofaar-jilibeey

peix

kalluun

tortuga

qubo

morsa

maroodi-badeed

guineu

dawaco

gasela

deero

futbol americà
kubadda-cagta maraykanka

ciclisme
tartanka bashkuleetiga

tenis
kubbadda miiska

bàsquet
kubbadda koleyga

natació
dabaal

boxa
cayaarta feerka

hoquei sobre gel
hookiga barafka lagu dhe

futbol americà
kubadda cagta

bàdminton
baadminton

atletisme
ciyaaraha fudud

handbol
kubadda gacanta

esquí
iskii/ciyaarta barafka

polo
cayaar-faras

saltar
boodid

riure
qosol

abraçar
hab-siin

anar
soco

cantar
hees

somiar
riyo

pregar
duceyso

fer un petó
dhunkasho

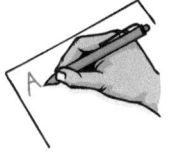

escriure

qorraxeed

dibuixar

masawirid

mostrar

muuji

pitjar

riix

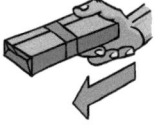

donar

sii

prendre

qaado

tenir

haysasho

fer

samee

ésser

ahaansho

estar dret

istaag

córrer

orod

estirar

jiid

llançar

tuur

caure

dhicid

jeure

been-sheegid

esperar

sug

portar

qaad

asseure's

fariiso

vestir-se

labiso

dormir

seexo

despertar-se

toos

mirar

fiiri

plorar

ooy

amoixar

dhuftay

pentinar

shanleyso

parlar

hadal

comprendre

faham

demanar

weydii

escoltar

dhageysasho

beure

cab

menjar

cun

endreçar

habee

estimar

jacayl

cuinar

kari

conduir

kaxee

volar

duulid

activitats - hawlo

navegar

shiraaco

calcular

xisaabi

llegir

akhri

aprendre

barasho

treballar

shaqee

casar-se

guurso

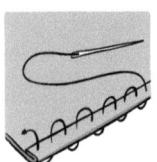

cosir

tol

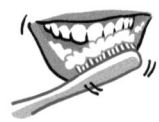

raspallar-se les dents

cadayso

matar

dilid

fumar

sigaar cab

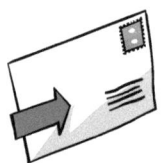

enviar

dir

família
qoys

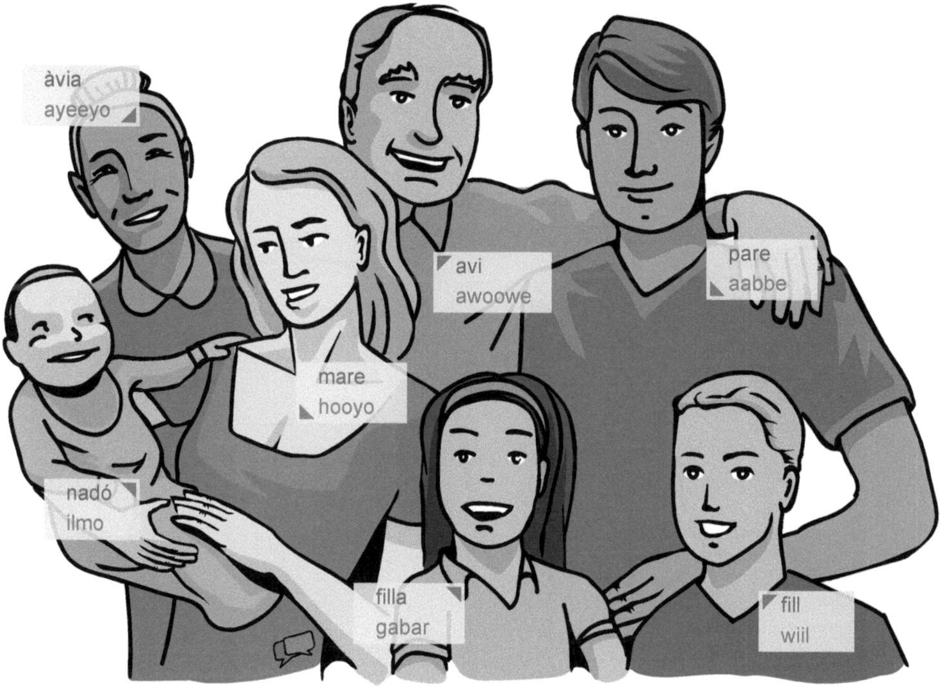
àvia
ayeeyo
avi
awoowe
pare
aabbe
mare
hooyo
nadó
ilmo
filla
gabar
fill
wiil

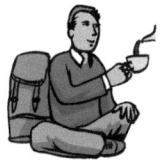

convidat

marti

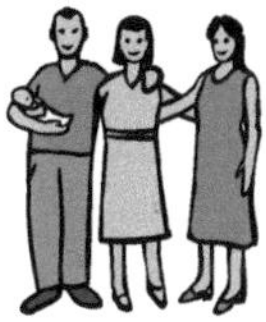

tia

eeddo

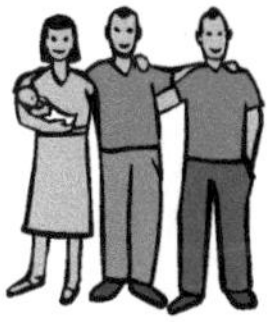

oncle

adeer

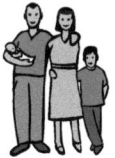

germà

walaal rag

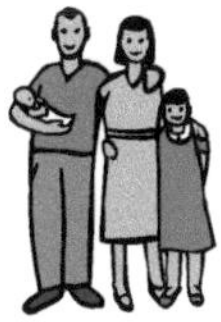

germana

walaal dumar

cos

jir

front
fool
ull
il
espatlla
garab
dit
far
cara
weji
barbeta
gar
mà
gacan
cama
lug
pit
naas
braç
cudud

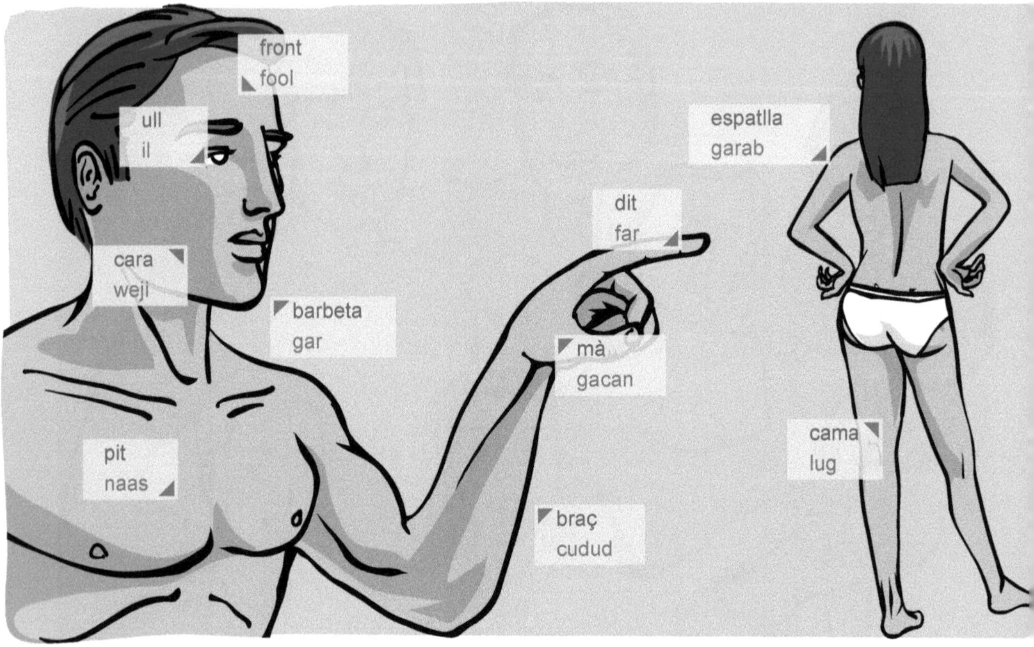

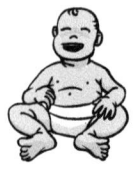

nadó

ilmo

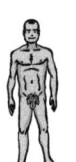

home

nin

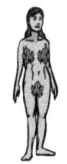

dona

naag

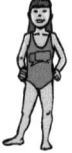

noia

gabar

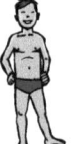

noi

wiil

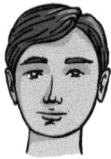

cap

madax

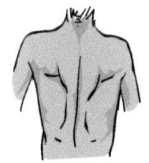

esquena

dhabar

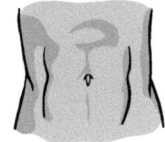

panxa

calool

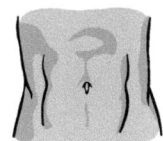

melic

xuddun

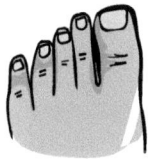

dit gros del peu

suul

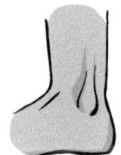

taló

cirib

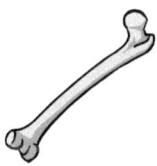

os

laf

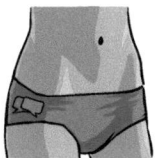

maluc

sin

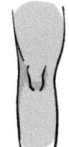

genoll

jilib

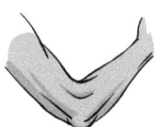

colze

xusul

nas

san

cul

bari

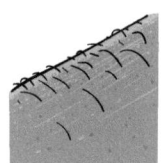

pell

maqaar

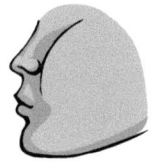

galta

dhafoor

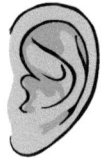

orella

dheg

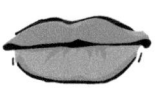

llavi

bishin

boca
af

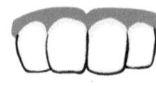

dent
ilig

llengua
carrab

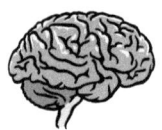

cervell
maskax

cor
wadno

múscul
muruq

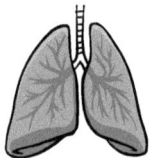

pulmó
sambab

fetge
beer

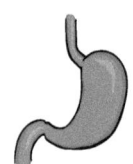

estómac
uur kujirta caloosha

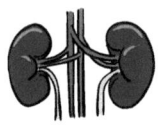

ronyó
kelyo

relació sexual
galmo

preservatiu
cinjir-galmo

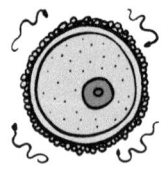

ovari
ugxan

semen
shahwo

prenyat
uur

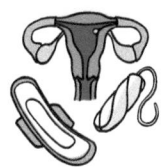

menstruació

caado

vagina

siil

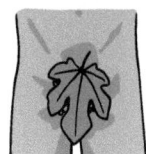

penis

gus

cella

suni

cabells

timo

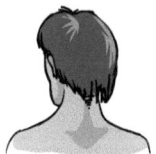

coll

qoor

hospital
isbitaal

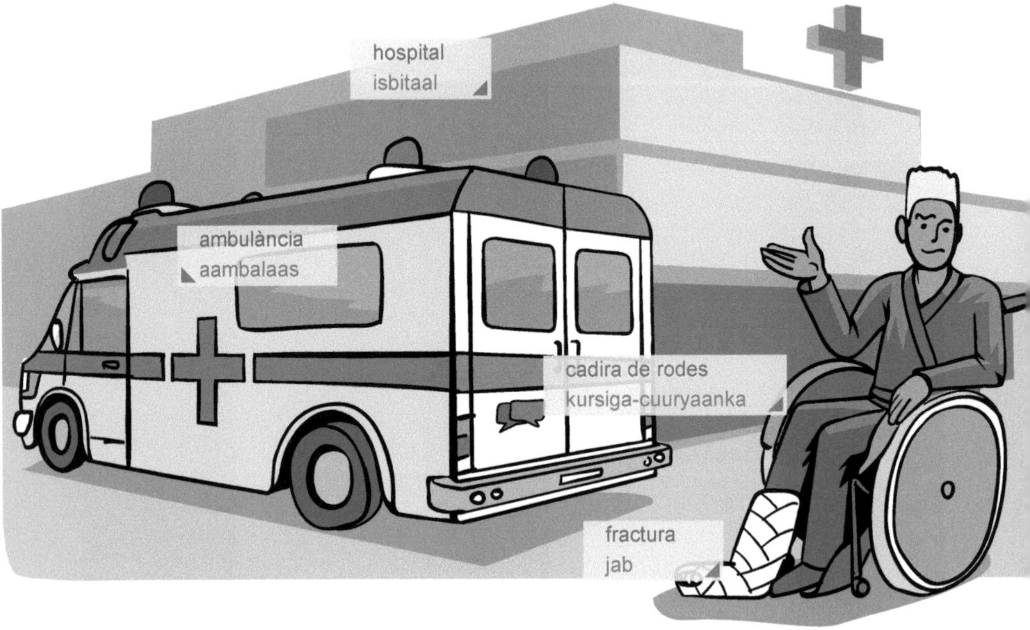

hospital
isbitaal
ambulància
aambalaas
cadira de rodes
kursiga-cuuryaanka
fractura
jab

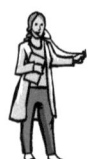

doctora
dhakhtar

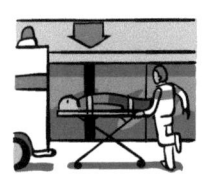

sala d'urgències
qolka xaaladaha-degdega ah

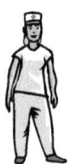

infermera
kalkaaliye

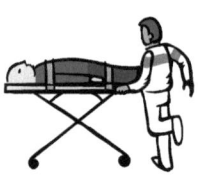

urgència
xaalad deg-deg ah

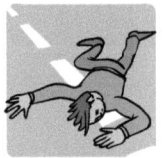

inconscient
miyir-beelsan

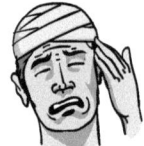

dolor
xanuun

ferida

dhaawac

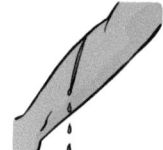

sagnament

dhiig-bax

atac de cor

wadno-xanuun

apoplexia

qallal

al·lèrgia

xasaasiyad

tos

qufac

febre

qandho

gripa

hargab

diarrea

shuban

mal de cap

madax-xanuun

càncer

kansar

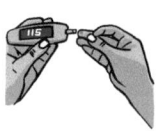

diabetis

cudurka sokoroow

cirurgià

dhakhtarka-qalliinka

escalpel

mindida qalliinka

operació

qalliin

tomografia computada (TC), TAC
iskaan

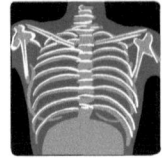

raigs x
raajo

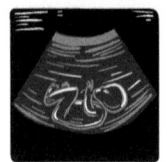

ultrasò
dhawaaq-xawaareed

mascareta
maaskaro

malaltia
cudur sokoroow

sala d'espera
qolka sugitaanka

crossa
ul lagu boodo

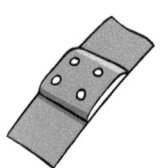

tireta
kab

embenat
faashato

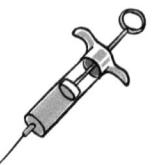

injecció
duris

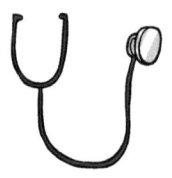

estetoscopi
wadne-dhegeyeste

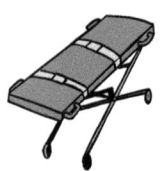

llitera
balankiino

termòmetre clínic
heer-kul-beega qandhada

pariment
dhalasho

sobrepès
aad-u-cayilan

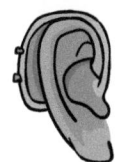

aparell auditiu

maqal-caawiye

desinfectant

jeermis-dile

infecció

caabuq

virus

feyras

VIH / SIDA

AYDHIS/HIV

medicina

daawo

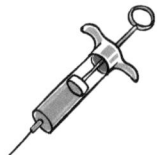

vaccí

tallaal

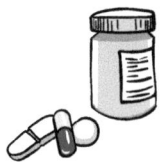

comprimits

kaniiniyo

píl·lola

kaniin

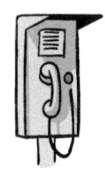

trucada d'urgència

wicitaan deg-deg ah

tensiòmetre

cabbiraha dhiig-karka

malalt / sà

xanuunsan / caafimaadsan

Socors!

i caawiya!

alarma

sawaxan

assalt

weerar-kadisa ah

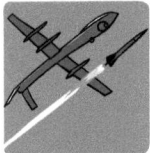

atac

weerar

perill

khatar

sortida-eixida d'urgència

irridda bixida xaalad-deg-deg

Foc!

dab!

extintor

dab demiye

accident

shil

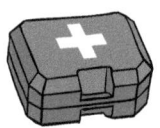

farmaciola de primers auxilis

saduuqa xaalada-degdega ah

SOS

codsi badbaado

policia

booliis

Europa

Yurub

Amèrica del Nord

woqooyiga ameerika

Amèrica del Sud

koonfurta ameerika

Àfrica

Afrika

Àsia

Aasiya

Austràlia

Oostareeliya

Atlàntic

Atlaantik

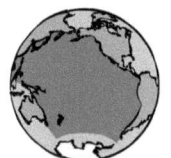

Pacífic

Pacific

Oceà Índic

Bad-waynta hindiya

Oceà Antàrtic

Bad-waynta antarctica

Oceà Àrtic

Bad-waynta arctic

pol nord

cirifka waqooyi

pol sud

cirifka koonfureed

Antàrtida

Antarctica

terra

dhul

país

dhul

mar

bad

illa

jasiirad

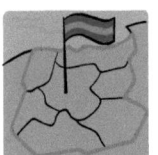

nació

waddan

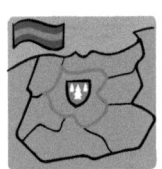

estat

gobol

quadrant

wajiga saacadda

agulla de les hores

gacanka saacada

agulla dels minuts

gacanka daqiiqada

agulla dels segons

gacanka ilbiriqsiga

Quina hora és?

waa intee saac?

dia

maalin

temps

wakhti

ara

hadda

rellotge digital

saacadda jiifarrada

minut

daqiiqad

hora

saacad

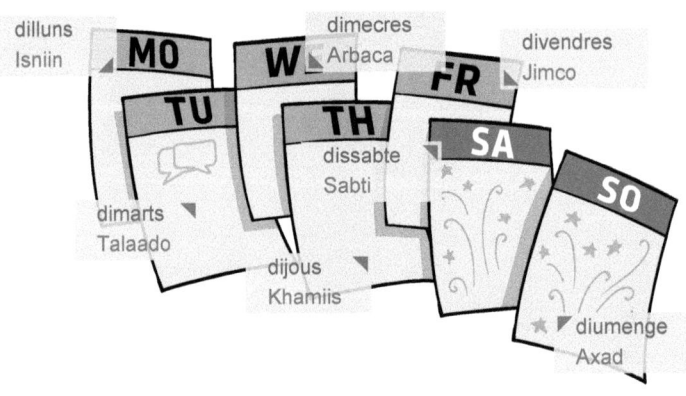

dilluns
Isniin

dimecres
Arbaca

divendres
Jimco

dimarts
Talaado

dissabte
Sabti

dijous
Khamiis

diumenge
Axad

ahir

shalay

avui

maanta

demà

berri

matí

subax

migdia

duhur

tarda

casir

dia feiner

maalmaha shaqo

cap de setmana

dabayaaqada usbuuca

pluja
roob

arc de Sant Martí
qaanso-roobaad

neu
roob-baraf

vent
dabayl

primavera
gu'

estiu
xagaa

tardor
deyr

hivern
jiilaal

4.APRIL	11°	☀
5.APRIL	4°	
6.APRIL	13°	
7.APRIL	8°	❄
8.APRIL	10°	☀

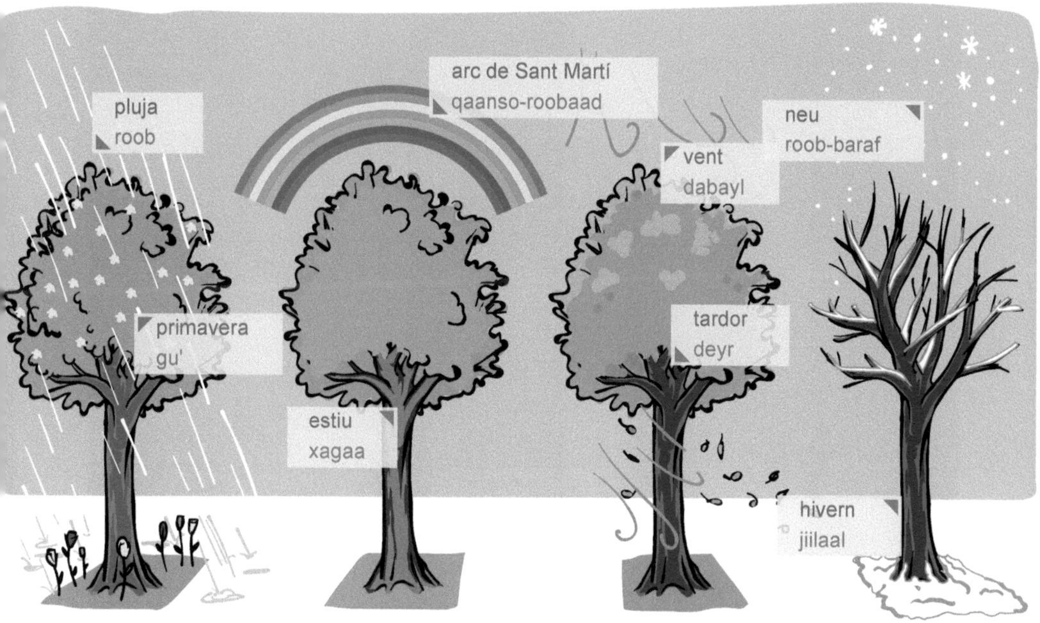

pronòstic del temps

saadaal hawo

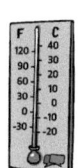

termòmetre

heer-kul baare

llum del sol

qorraxeed

núvol

daruur

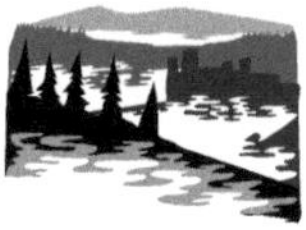

boira

ceeryaamo

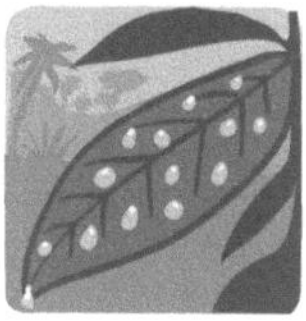

humiditat de l'aire

huur

llamp
jac

tro
onkod

tempesta
duufaan

calamarsa
roob-baraf

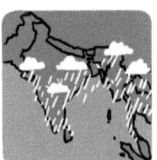

monsó
maansuun

inundació
daad

gel
baraf

gener
Jannaayo

febrer
Febraayo

març
Maarso

abril
Abriil

maig
Mey

juny
Juun

juliol
Luulyo

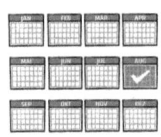

agost
Agoosto

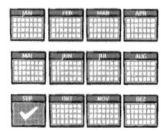

setembre

Sebteember

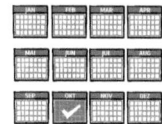

octubre

Oktoobar

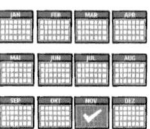

novembre

Nofeember

desembre

Diseember

formes
qaababka

cercle

goobaabo

quadrat

afar-gees

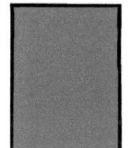

rectangle

leydi

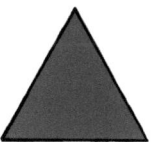

triangle

saddex-xagal

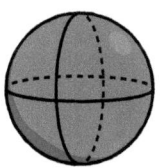

esfera

wareeg

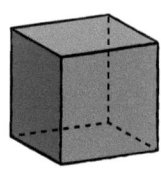

cub

bokis

midabbo

blanc

caddaan

groc

hurdi

taronja

oranji

rosa

guduud-khafiif

vermell

casaan

lila

carwaajis

blau

bluug

verd

cagaar

marró

boroon

gris

cawl

negre

madow

molt / poc

badan / yar

emprenyat / tranquil

caro / daganaan

bonic / lleig

qurxoon / foolxun

començament / fi

billow / dhammaad

gran / petit

yar / weyn

clar / fosc

iftiin / mugdi

germà / germana

walaalkaa / walaashaa

net / brut

nadiif / wasakhaysan

complet / incomplet

buuxa / dhantaalan

dia / nit

maalin / habeen

mort / viu

dhintay / nool

ample / estret

ballaaran / ciriiri ah

comestible / immenjable

la cuni karo / aan la cuni karin

dolent / amable

arxan-daran / naxariis-badan

entusiasmat / entediat

faraxsan / caajisan

gros / prim

buuran / caateysan

primer / darrer

ugu horeeya / ugu dambeeya

amic / enemic

saaxiib / cadaw

ple / buit

maran / buuxa.

dur / tou

adag / jilicsan

pesant / lleuger

culus / fudud

gana / set

gaajo / oon

malalt / sà

xanuunsan / caafimaadsan

il·legal / legal

sharci-darro / sharci

intel·ligent / ximple

caaqil / dabbaal

esquerra / dreta

bidix / midig

prop / llunyà

dhow / fog

nou / usat

cusub / duug

res / quelcom

waxba / wax

vell / jove

da' / dhalinyar

encès / apagat

daaris / damin

obert / tancat

furan / xiran

silenciós / sorollós

aamusnaan / cod-dheer

ric / pobre

taajir / sabool

correcte / incorrecte

sax / khalad

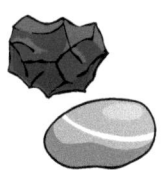

aspre / suau

jilif leh / sabiibax

trist / content

murugsan / faraxsan

curt / llarg

gaaban / dheer

lent / ràpid

tartiib / dhaqsi

humit / sec - eixut

qoyaan / qalleyl

calent / fred

qandac / qabow

guerra / pau

dagaal / nabad

nombres

lambarro

0
zero
eber

1
u
kow

2
dos
laba

3
tres
saddex

4
quatre
afar

5
cinc
shan

6
sis
lix

7
set
toddoba

8
vuit
sideed

9
nou
sagaal

10
deu
toban

11
onze
kow iyo toban

12
dotze

laba iyo toban

13
tretze

sadex iyo toban

14
catorze

afar iyo toban

15
quinze

shan iyo toban

16
setze

lix iyo toban

17
disset

todoba iyo toban

18
divuit

sideed iyo toban

19
dinou

sagaal iyo toban

20
vint

labaatan

100
cent

boqol

1.000
mil

kun

1.000.000
milió

malyuun

anglès

Af ingiriis

anglès americà

Ingiriiska Mareykanka

xinès mandarí

Mandariinka Shiinaha

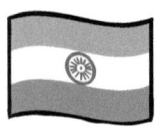

hindi

Hindi

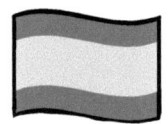

espanyol

Boortaqiis

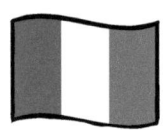

francès

Faransiis

àrab

Carabi

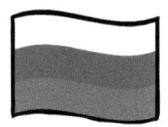

rus

Ruush

portuguès

Boortaqiis

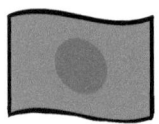

bengalí

Bengaali

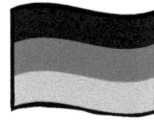

alemany

Jarmal

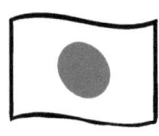

japonès

Jabaaniis

jo

aniga

tu

adiga

ell / ella / allò

asaga / ayada

nosaltres

annaga

vosaltres

idinka

ells

ayaga

qui?

kee?

què?

maxay?

com?

sidee?

on?

xagee?

quan?

goorma?

nom

magac

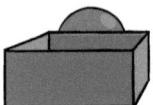

darrere

gadaal

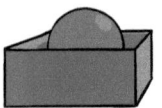

en

gudaha

davant de

horta

damunt

ka sare

sobre

dusha

sota

ka hooseeya

al costat

dhinac

entre

u dhexeeya

lloc

meel